첨성대에 서린 애틋한 사랑

선덕여왕과 지귀

글 윤영수 | 그림 김민정

한솔수북

높은 과학 수준을 보여 주는 세계에서 가장 오래된 천문대, 첨성대.(시몽포토)

신에게 다가가려는 선덕여왕의 비밀 통로이자

서른세 단의 사다리였던 첨성대!

살아생전 힘센 군주가 되고자 했던 선덕여왕은

이제 첨성대 위 저 밤하늘의 찬란한 별이 되어

빛나고 있을지도 모릅니다.

그럼 이제부터 첨성대에 얽힌 비밀과 거기에 서린

애틋한 사랑 이야기 속으로 들어가 보아요.

볼품 없는 돌탑 · 6

선덕여왕의 금팔찌 · 12

지귀, 상사병에 걸리다 · 22

첨성대를 세우리라 · 32

무너지는 첨성대 · 40

영원한 사랑의 금자탑 · 49

첨성대의 별 · 60

◆ 선덕여왕 시대와 신라의 삼국 통일 · 62

볼품 없는 돌탑

"애걔, 이게 뭐야? 너무 작잖아?"
엄마 아빠를 앞질러 잽싸게 달려가던 상남은 몸을 움찔하며 그 자리에 멈춰 섰다. 거기에는 조그만 돌탑이 하나 서 있었다. 생각했던 것하고 너무 다른 모습에 상남은 그만 맥이 탁 풀렸다.
"어머, 여보 그대로다. 그치?"
뒤늦게 다가온 엄마가 아빠한테 호들갑스럽게 말했다.
"그래, 정말 그대로군. 우리가 여기에 온 게 얼마 만이지?"
"12년 만이야. 한번 온다온다 하고 이제야 왔네. 당신 기억나? 여기서 나한테 청혼한 거. 저 하늘의 별처럼 영원히 나를 사랑하겠다면서."
"내가 그랬던가? 글쎄, 기억이 잘 안 나는데."
"어머. 상남아, 너희 아빠 시치미 떼는 것 좀 봐. 틀림없이 그렇게 말해 놓고선. 당신 다시 잘 생각해 봐. 그랬어, 안 그랬어?"
"에이, 시시해."
상남이 시큰둥하게 말했다.
"뭐라고? 너는 엄마가 여기서 아빠한테 청혼받은 게 시시하다는 거야?"
"그게 아니고 첨성대가 시시하단 말이야. 이게 무슨 천문대야? 그냥 돌탑이잖아."

　첨성대는 천문대라고 하기에는 너무 작아 보였다. 그뿐 아니라 망원경도 없고 별을 관찰할 수 있는 기계 장치나 컴퓨터도 없었다. 언젠가 현장 학습 갔을 때 봤던 천문대하고는 견주기가 어려울 만큼 차이가 났다.

　"하하하, 우리 상남이가 첨성대의 규모에 매우 크게 실망한 모양이구나. 이래 봬도 이게 우리나라 국보란다, 국보."

　상남의 시무룩한 얼굴을 보며 아빠가 말을 건네 왔다.

　"국보면 뭐 해? 이렇게 작은데."

　"작다고 해서 가치가 없는 게 아니다. 그리고 첨성대를 세운 신라 시대에는 이 첨성대가 둘레에서 가장 높은 건축물이었어. 그땐 지금 같은 큰 건물들이 없었으니까. 게다가 그땐 공기가 오염이 안 돼 이만한 건축물 위에서도 얼마든지 밤하늘에 떠 있는 별을 관찰할 수 있었거든."

　"그래도 시시해. 차라리 마차 탈래."

　첨성대 둘레에는 말이 끄는 꽃마차가 있었다. 상남은 그 마차를 타는 게 더 재미있을 것 같았다. 그런 상남을 물끄러미 보며 아빠가 말했다.

　"그럼, 아빠가 첨성대에 얽힌 문제를 낼 테니 어디 한번 맞혀 봐. 그러면 꽃마차를 태워 줄게."

"그래, 좋아."

"자, 첨성대 안에는 무엇이 들어 있는지, 그리고 첨성대를 쌓은 돌은 모두 몇 개인지 알아맞혀 봐."

상남은 아빠가 문제를 내자 다시 한 번 첨성대를 바라보았다. 첨성대는 둥근 병 모양을 하고 있었다.

"좋아요, 아빠."

상남은 아빠가 내준 문제를 푸는 게 왠지 재미있을 것 같아 자신 있게 대답했다.

"문제 다 풀면 차 세워 둔 식당으로 와. 알았지?"

"아니 여보, 여기에 우리 상남이 혼자 두고 간다고요? 곧 날도 어두워질 텐데."

"괜찮아. 4학년이면 이쯤은 혼자 풀 수 있어야지. 상남아, 할 수 있겠지?"

"알았어요. 걱정 말고 먼저 가 계세요."

엄마 아빠가 가고 나자 상남은 첨성대를 천천히 한 바퀴 죽 돌아다 봤다. 마치 우물처럼 둥글게 생긴 첨성대는 가운데쯤에 창이 하나 뚫려 있었다. 저 창 안을 들여다볼 수만 있다면 안에 뭐가 들어 있는지 알 수 있을 것 같았다. 상남은 먼저 첨성대를 쌓은 돌이 모두 몇 개인지 세어 보기로 했다. 그런데 돌은 세면 셀수록 헷갈렸다. 저 돌이 아까 센 돌인지 아닌지 자꾸만 가물가물했던 것이다.

　마침내 상남은 짜증이 났다.
　"에이, 재미없어. 누가 이 따위 시시한 걸 만들어서 사람을 이 고생시키는 거야? 밥이나 먹으러 가야겠다."
　상남이 첨성대를 보며 발길질을 한 번 해 주고는 홱 돌아섰다. 바로 그때였다. 어디선가 엄청나게 큰 목소리가 들려왔다.
　"네 이놈! 네 녀석이 감히 나를 업신여기느냐?"
　깜짝 놀란 상남이 둘레를 둘러보았다.
　"선덕여왕께서도 감탄해 마지않았던 첨성대를 감히 네가 업신여기다니?"
　상남은 그제야 그 소리가 첨성대 쪽에서 나는 걸 알아차리고는 고개를 뒤로 돌렸다. 거기에는 머리를 질끈 동여매고 두 손에 징과 망치를 든 어떤 사람이 상남을 내려다보고 있었다.
　"누, 누구세요?"
　"나는 이 첨성대를 책임지고 만든 지귀라는 석공이다. 내 너에게 이 첨성대가 어떻게 만들어졌는지 똑똑히 보여 주마."
　상남이 뭐라고 대꾸도 하기 전에 지귀라고 하는 석공이 상남의 팔을 붙잡았다. 그러고는 갑자기 상남을 휘감아 안고는 첨성대 창을 넘어 안으로 휙 들어갔다.

신라 사람들과 천 년을 숨 쉬어 온 산, 경주 남산!

경주시 남쪽에 자리한 남산은 금거북 한 마리가 편안히 앉아 있는 듯한 모습을 하고 있습니다. 남산은 세계에서도 비슷한 산을 찾아보기 어려울 만큼 자연과 예술이 잘 어우러진 곳이라고 해요. 한마디로 경주 남산은 신라 사람들이 천 년을 가꾸어 온 신라의 상징이었습니다. (시몽포토)

선덕여왕의 금팔찌

"둥둥!" 북소리가 울리면서 크고 묵직한 성문이 열렸다. 열린 성문 쪽에서 화려한 깃발을 든 기수 부대가 나타나자, 이어서 웅장한 음악을 연주하는 궁중 악대가 뒤를 따랐다. 성 밖에는 백성들이 구름처럼 모여 있었다.

드디어 성문 밖으로 말 탄 여왕이 모습을 드러냈다. 커다란 우산을 받쳐 든 시종들의 호위를 받으며 말 위에 앉은 여왕의 모습은 참으로 의젓해 보였다. 여왕은 머리에 화려한 금관을 쓰고 있었다. 금관 아래로는 여러 가지 장식품들이 드리워져 있었다. 금관을 쓴 여왕은 눈이 부시게 아름다웠다. 여왕 옆에는 호위대장 알천 장군이 말을 타고 있는 모습도 보였다.

"저것 좀 봐. 우리 여왕님 정말 아름답기도 하시지."
"그 옆에 있는 알천 장군도 정말 멋지셔."

"두 분이 참 잘 어울리는구먼."

선덕여왕의 행렬이 길가에 늘어선 백성들 사이로 천천히 지나갔다.

"여왕 마마 만세! 신라 만세!"

선덕여왕은 말 위에 앉아 만세를 부르는 백성들에게 환하게 웃음을 지어 보였다. 왕궁을 벗어난 선덕여왕의 행렬은 영묘사라는 사찰로 갔다. 오늘은 선덕여왕이 새로 지은 영묘사 낙성식에 몸소 참석하려고 반월성 밖으로 나온 것이었다.

영묘사에는 여왕 마마를 모시고 낙성식을 치르는 큰 행사를 앞두고 많은 승려들이 잔뜩 긴장한 얼굴로 바삐 움직이고 있었다. 자장대사는 새로 모신 부처님이 있는 큰 법당에서 선덕여왕이 오기만을 기다리고 있었다. 드디어 저 멀리서 여왕 마마의 행차를 알리는 음악 소리가 들려왔다.

"여왕 마마 납시오!"

영묘사 큰 법당에 들어선 선덕여왕은 새로 모신 부처님께 향을 바치고 절을 올렸다.

"부디 이 신라와 신라 백성들을 보살펴 주옵소서. 부처님의 보살핌 아래 자손만대로 복을 누리게 하옵소서."

선덕여왕은 마음속으로 빌고 또 빌었다. 부처님의 힘으로 이 나라 신라를 잘 이끌어갈 수 있다면 얼마나 좋을까? 여왕이라 하여 자신을 업신여기던 귀족들도 오로지 신라만을 생각하는 자신의 진심을 알아주면 얼마나 좋을까?

바로 그때 큰 법당 앞에 서 있는 석등이 선덕여왕의 눈에 들어왔다. 하얗게 빛나는 아름다운 석등이었다. 선덕여왕은 자신도 모르게 몸을 일으켰다. 그러고는 천천히 밖으로 나와 석등 곁으로 다가갔다.

화강암으로 만든 석등은 참으로 아름다웠다. 연꽃무늬가 돋을새김으로 새겨진 받침대가 있었고, 받침대 위에는 두 마리의 사자가 뒷발로 버티고 서서 마주 보며 석등을 받치고 있었다. 등이 들어갈 곳은 팔각으로 돼 있었고, 팔각 지붕은 마치 하늘을 머리에 이고 있는 듯 보였다. 여왕은 부드러운 곡선미를 자랑하는 석등의 돌 처마를 쓰다듬으며 말했다.

"참으로 훌륭하오. 이 사자 좀 보세요. 마치 살아 있는 것 같아요. 알천 장군, 그렇지 않소?"

"그렇습니다, 여왕 마마. 소장이 본 석등 가운데 가장 아름다운 석등이옵니다."

"대사, 이 석등을 누가 만들었나요?"

선덕여왕이 자장대사를 바라보며 물었다.

"지귀라는 석공이 만들었사옵니다."

"내 그를 한번 만나 보고 싶군요. 그는 지금 어디에 있나요?"

그러자 알천 장군이 여왕을 가로막고 나섰다.

"여왕 마마. 마마께서 어찌 천한 석공을 만나려 하시는지요? 그냥 환궁하시옵소서."

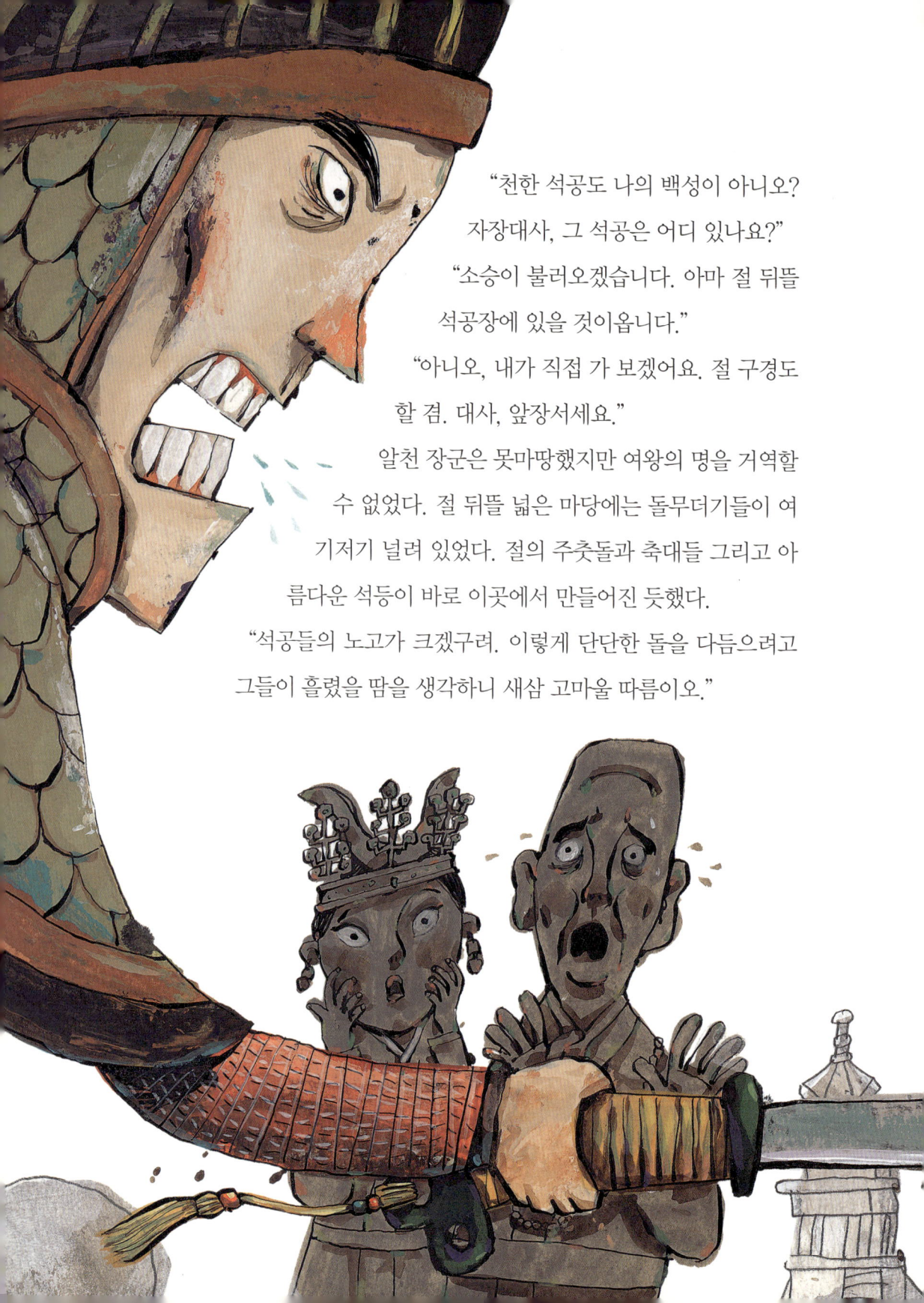

"천한 석공도 나의 백성이 아니오? 자장대사, 그 석공은 어디 있나요?"
"소승이 불러오겠습니다. 아마 절 뒤뜰 석공장에 있을 것이옵니다."
"아니오, 내가 직접 가 보겠어요. 절 구경도 할 겸. 대사, 앞장서세요."
알천 장군은 못마땅했지만 여왕의 명을 거역할 수 없었다. 절 뒤뜰 넓은 마당에는 돌무더기들이 여기저기 널려 있었다. 절의 주춧돌과 축대들 그리고 아름다운 석등이 바로 이곳에서 만들어진 듯했다.
"석공들의 노고가 크겠구려. 이렇게 단단한 돌을 다듬으려고 그들이 흘렸을 땀을 생각하니 새삼 고마울 따름이오."

바로 그때 알천 장군의 눈에 저쪽 돌무더기 사이로 옷자락이 보였다. 알천 장군이 그쪽으로 다가가 보니 어떤 사내가 돌 틈 사이에 몸을 웅크린 채 잠들어 있었다. 잠든 사내 곁에는 정과 망치들이 놓여 있었다. 사내의 얼굴은 꾀죄죄하고 옷은 남루하기 그지없었다. 사내는 가볍게 코까지 골며 잠들어 있었다. 사내를 내려다보던 알천 장군이 벼락 같은 소리로 꾸짖었다.

"네 이놈! 오늘이 어떤 날인데 예서 잠을 자고 있느냐?"

알천 장군은 사내의 옆구리를 사정없이 걷어찼다. 그 서슬에 사내가 움찔하며 잠을 깼다.

"이 무례한 놈, 감히 여왕 마마 앞에서 잠을 자다니!"

그러면서 알천 장군이 칼을 뽑아 들자 칼에서 번쩍하고 빛이 났다.

"그만두세요!"

선덕여왕이 알천 장군을 말리고 나섰다.

"여왕 마마, 이렇게 무례한 놈은 단칼에 베어서 본보기로 삼아야 하옵니다. 감히 여왕 마마 앞에서 코를 골며 잠을 잔 놈이옵니다."

"아마도 피곤해서 그랬을 것입니다. 여왕 마마, 이 자가 바로 지귀라는 석공이옵니다."

자장대사가 황급히 나서며 선덕여왕에게 말했다.

"오, 그래요? 넌 내가 누군지 아느냐?"

선덕여왕이 주저앉은 채 멀뚱히 앉아 있는 지귀를 내려다보며 말했다.

"뭣 하느냐? 여왕 마마시니라. 어서 엎드리지 못하겠느냐?"

알천 장군이 다시 호통을 쳤다.

"예? 여, 여왕 마마?"

지귀는 벌떡 일어나 그대로 땅바닥에 넙죽 엎드렸다. 땅바닥에 엎드린 지귀가 어깨를 부들부들 떨며 말했다.

"사, 살려 주옵소서. 여왕 마마, 소인 봄볕이 너무 따사로워 그만 잠깐 잠이 들고 말았사옵니다. 제발 사, 살려 주십시오."

"고개를 들라."

그러나 지귀는 차마 선덕여왕의 얼굴을 쳐다볼 수 없었다.

"네가 절 마당의 석등을 만들었느냐?"

"예, 그러하옵니다."

"참으로 아름답더구나. 내 너에게 상을 내리고 싶구나."

그러면서 선덕여왕은 지귀 앞에 앉았다.

"고개를 들고 나를 보아라."

"어찌 감히 소, 소인이 여왕 마마의 용안을 우러러 보겠습니까?"

"괜찮다. 자, 어서 고개를 들라."

지귀는 마지못해 조심스레 고개를 들었다. 바로 그때 지귀는 마치 커다란 정으로 뒤통수를 얻어맞은 듯 아찔함을 느꼈다. 여왕은 화강암보다 더 맑고 투명한 얼굴빛과 크고 깊은 눈망울을 하고 있었다. 잠깐 선덕여왕을 올려다보던 지귀는 다시 고개를 숙였다. 선덕여왕 또한 지귀의 얼굴에서 깊은 인상을 받았다. 햇볕에 탄 구릿빛 얼굴, 선하디선한 눈망울, 선덕여왕은 지귀한테서 향긋한 솔바람이 이는 것을 느꼈다.

"눈빛이 참으로 선하구나. 지귀라 하였느냐?"

"그, 그러하옵니다. 여왕 마마."

"지귀라……."

지귀는 더 깊숙이 고개를 숙였다. 지귀를 내려다보던 선덕여왕은 팔에 끼고 있던 금팔찌를 풀었다. 그러고는 마디 굵은 지귀의 손등 위에 가만히 놓아 주었다.

"이건 내가 너에게 주는 선물이니라. 앞으로도 더 아름다운 작품들을 많이 만들면 좋겠구나."

"여왕 마마……."

자신의 손등 위에 놓인 빛나는 금팔찌를 내려다보며 지귀는 더욱 깊이 고개를 숙였다. 이 모습을 지켜보는 알천 장군은 영 못마땅한 얼굴이었다. 자신에게도 안 주던 팔찌를 한낱 천한 석공한테 내리는 선덕여왕의 처사에 알천은 문득 불 같은 질투를 느꼈다.

"그만 일어나시지요. 돌아가실 시각이옵니다."

알천 장군이 선덕여왕을 재촉했다. 그제야 선덕여왕은 몸을 일으켰다. 그리고 다시 지귀를 내려다보고는 천천히 돌아섰다. 선덕여왕 일행이 석공장을 벗어날 때까지 지귀는 그대로 엎드려 있었다.

모든 것이 꿈만 같았다. 여왕 마마께서 몸소 이곳까지 찾아와 금팔찌까지 선물로 내린 것이 도무지 믿어지지가 않았다. 지귀는 오랫동안 엎드려 선덕여왕이 준 금팔찌를 내려다보았다. 그 금팔찌 위로 지귀의 눈물 한 방울이 반짝하고 떨어졌다.

역사스페셜박물관

선덕여왕 영정

덕만 공주에서 우리나라 첫 여자 임금이 된 선덕여왕. 신라 27대 왕으로 632년부터 647년까지 15년간 왕의 자리에 있었지요. 아버지 진평왕과 어머니 마야 부인 사이에 태어났는데, 진평왕이 아들이 없어 여자의 몸으로 왕이 되었습니다. 처음엔 여왕이라고 해서 많은 어려움을 겪었지만, 나라를 잘 다스려 신라가 삼국을 통일하는 데 크게 이바지한 뛰어난 임금이었습니다. (신라역사과학관)

흥륜사

흥륜사는 법흥왕 때 이차돈이 순교한 뒤 신라에서 불교가 공인되자 가장 먼저 지은 절이었습니다. 그런데 이곳에서 '靈廟寺(영묘사)'라 새겨진 기와가 나와 이곳을 선덕여왕이 세운 영묘사로 여기고 있습니다. 오늘날 경주시 사정동에 있는 흥륜사는 최근에 복원한 것입니다. (시몽포토)

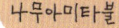

자장대사

자장대사는 진골 귀족 출신이기 때문에 벼슬을 할 수도 있었지만, 이를 마다하고 승려가 되어 당나라로 유학을 떠납니다. 다시 신라로 돌아와서는 선덕여왕에게 황룡사 구층목탑을 지을 것을 요청하여 탑을 세웁니다. 그 밖에도 곳곳에 많은 사찰을 지었을 뿐만 아니라, 어려움에 빠진 선덕여왕을 도와 나라를 다스리는 데 큰 구실을 하기도 했습니다.

얼굴무늬수막새

수막새란 지붕에 기와를 이을 때 수키와의 맨 아래쪽을 마감하던 기와입니다. 경주시 사정동 영묘사지 터에서 나온 이 얼굴무늬수막새는 일부가 떨어져 나가긴 했지만, 수줍게 웃는 모습이 일품이에요. "신라인의 웃음" 하면 바로 이 수막새 기와를 말해요. 어쩌면 선덕여왕의 웃음이 이 수막새의 웃음을 닮은 건 아닐까요? (국립경주박물관 경박 200710-139)

지귀, 상사병에 걸리다

서라벌에 있는 남산은 산세가 아름답고 바위 절벽들이 셀 수 없을 만큼 많이 있어 바위에 새긴 부처님이 밤하늘의 별처럼 즐비한 곳이다. 또한 곳곳에는 크고 작은 절이 들어서 있는 그야말로 부처가 사는 나라의 땅이었다. 남산 꼭대기에 서면 드넓은 서라벌이 한눈에 들어왔다. 아까부터 그곳 바위 위에는 어떤 사내 하나가 추레한 모습으로 걸터앉아 저 멀리 반월성을 하염없이 내려다보고 있었다. 지귀였다. 산 능선을 타고 오른 한줄기 바람이 지귀의 옷자락을 펄럭였고 아무렇게나 묶은 머리카락을 흩뜨려 놓았다.

"네 이놈! 대낮부터 웬 청승이냐?"

지귀를 찾아온 자장대사는 벼락같이 소리를 질렀다. 하지만 지귀는 꼼짝도 않고 반월성 쪽만 바라보고 있었다.

"절 뒤편 축대를 쌓으란 지가 언젠데 며칠째 이러고만 있느냐?"

자장대사의 거듭된 호통에 지귀는 두 손을 모아 합장만 하고는 말없이 산을 내려갔다. 자장은 그런 지귀의 뒷모습을 바라보다가 멀리 반월성을 내려다보았다.
　'나무 관세음보살. 지나친 욕심은 자신을 불사를 뿐이거늘……'
　영묘사로 돌아온 지귀는 뒤뜰 석공장으로 갔으나 일이 손에 안 잡혔다. 겨우 정과 망치를 들어 돌을 쪼아 보지만 돌은 생각대로 다루어지지 않았다. 돌조각이 튀어 지귀의 눈가를 때렸으나 아픈 줄도 몰랐다. 지귀는 정과 망치를 내려놓았다. 그러고는 가슴속에 품고 있던 금팔찌를 꺼내 들여다보았다. 영묘사 낙성식이 있던 날 바로 이곳에서 선덕여왕이 준 그 팔찌였다. 지귀는 그날 뒤로 오로지 선덕여왕만 생각하고 또 생각했다. 멍히 앉아 금팔찌를 들여다보던 지귀의 귀에 보살들의 목소리가 들려왔다.
　"군사들이 개선한다지? 우리도 구경 갈까?"
　"알천 장군이 칠중성에서 고구려군을 크게 무찔렀대. 그래서 여왕님께서 몸소 마중을 나오신다는구먼."
　"그래, 가 보자고. 여왕님도 뵙고, 알천 장군의 모습도 보고……"
　그 소리를 듣자마자 지귀는 벌떡 일어나 절 밖으로 뛰쳐나갔다. 자장대사가 어디 가느냐고 물었지만 지귀는 아무 대꾸도 않고 내달렸다. 지귀가 달려간 곳은 반월성 성문 앞, 바로 알천 장군의 개선식이 열리는 곳이었다. 성문 밖에는 이미 수많은 백성들이 몰려나와 의기양양하게 개선하는 신라군들을 바라보며 만세를 부르고 있었다.

"신라군 만세! 여왕 마마 만세! 알천 장군 만세!"

지귀는 사람들을 헤치고 성문 가장 가까이로 다가갔다. 드디어 알천 장군이 성문 앞에 다다랐다. 알천 장군 뒤로는 승리를 하고 돌아온 신라 군사들이 길게 늘어섰다. 지귀는 알천 장군을 올려다보았다. 말 위에 앉은 알천 장군의 모습은 늠름하기 그지없었다. 영묘사 석공장에서 잠들어 있던 지귀의 목을 베려 했던 바로 그 장군이었다.

"어머, 알천 장군님 좀 봐. 정말 늠름하지 않아?"

"그러니까 고구려군을 단숨에 무찔렀겠지."

"우리 여왕님하고 천생배필이지, 안 그래?"

"그러잖아도 이번 전쟁을 이기고 돌아오면 여왕님께 청혼을 하기로 했다는구먼."

그 소리에 지귀는 자신의 귀를 의심했다. 여왕님께서 알천 장군과 혼인을 한다고? 드디어 긴 나팔소리와 함께 반월성 성문이 열렸다. 그러자 선덕여왕이 모습을 드러냈다. 선덕여왕이 높은 가마에 앉아 성 밖으로 나오자 백성들의 함성은 더욱 높아졌다.

"여왕 마마 만세! 신라 만세!"

지귀는 만세를 부르는 사람들을 비집고 들어가 머지않은 곳에서 마치 홀린 듯이 선덕여왕을 올려다보았다. 알천 장군이 선덕여왕 앞으로 나가 무릎을 꿇었다.

"여왕 마마, 소장 알천 고구려군을 크게 무찌르고 개선하였나이다."

하지만 알천 장군을 맞이하는 선덕여왕의 얼굴은 어딘지 모르게 어두워 보였다.

"수고 많으셨소. 군사들을 편히 쉬게 하시오."

"이제 소장 감히 여왕 마마께 약속드린 대로 청혼을 할까 하옵니다."

"……."

"만백성들이 보고 있사옵니다. 소장의 청혼을 받아 주십시오."

"지금은 그 이야기를 할 때가 아닌 것 같군요. 먼저 백성들에게 답례부터 하시지요."

알천 장군은 잠깐 선덕여왕을 바라보며 결코 쉬운 상대가 아니라고 생각했다. 몸을 일으킨 알천은 백성들에게 손을 들어 인사를 했다. 백성들은 다시 만세를 부르며 함성을 질렀다. 선덕여왕은 천천히 가마를 돌려 성 안으로 들어갔다. 지귀는 성문 안으로 선덕여왕이 사라질 때까지 꼼짝 않고 그 모습을 지켜봤다.

영묘사로 돌아온 지귀는 그 길로 앓아누웠다. 바위처럼 튼튼하던 지귀가 드러눕자 둘레의 사람들은 걱정이 이만저만이 아니었다. 지귀의 귓가에는 선덕여왕의 목소리만 맴돌았다. "눈이 참으로 선하구나." 뒤이어 백성들이 떠들던 말도 떠올랐다. "알천 장군이 여왕님께 청혼을 하기로 했다는구먼." 그 장면이 떠오를 때마다 지귀는 이리저리 몸을 뒤척이며 괴로워했다.

"네 이놈, 네 놈 주제에 감히 여왕 마마를 사모해서 대체 어쩌겠다는 것이냐?"

미음을 들고 들어온 자장대사가 호통을 쳤다. 하지만 지귀는 돌아누운 채 꼼짝도 안 했다.

"네 녀석이 이러다가 정녕 죽으려고 하느냐?"

"……."

지귀를 잠깐 내려다보던 자장대사가 갑자기 지귀의 몸을 덮쳤다.

"안 되겠다. 네 이놈, 당장 내놓아라!"

자장대사는 지귀가 몸속에 품고 있는 선덕여왕의 금팔찌를 빼앗으려 했다.

"안 돼요, 안 돼!"

지귀는 몸을 더욱 움츠리며 금팔찌를 지키려 했다. 자장대사가 더 거세게 빼앗으려 하자 지귀는 자장대사의 손등을 깨물어 버렸다.

"아악! 어허, 이, 이놈이 이제 나를 깨물기까지 해?"

자장대사는 손가락을 움켜쥐고 지귀를 바라보며 큰 한숨을 내쉬었다.

아까부터 시중을 들던 나이 든 보모가 선덕여왕 옆을 맴돌고 있었다. 어렸을 때부터 선덕여왕을 돌봐 온 유모였다. 선덕여왕은 그런 유모가 어딘지 이상해 보였다.

"왜 그래요, 유모? 나한테 무슨 할 말이라도 있는 게요?"

"여, 여왕 마마……."

"말씀해 보세요. 유모와 나 사이에 못할 말이 뭐 있다고?"

"하오나 하도 망측한 말씀이라서……. 어떤 사내가 여왕 마마를 사모하여 상사병이 났다는 소문이 지금 서라벌에 쫙 퍼졌답니다."

"호호, 그래요? 그거 재미있네요."

"웃을 일이 아니옵니다. 지금 그 젊은이의 목숨이 경각에 달렸다 하옵니다."

"그래요? 누구죠, 그 사람이?"

"영묘사의 석등을 만들었던 그 석공을 기억하시는지요? 여왕 마마께서 손수 금팔찌를 풀어 주셨던……."

선덕여왕은 금세 알아차렸다. 선덕여왕은 선한 눈망울을 지닌 지귀를 떠올리자 그에게서 일었던 솔바람이 다시 이는 듯했다.

"그래, 지귀가 어찌 됐다고요?"

"이름도 아시는군요. 그 사람이 지금 며칠째 아무것도 안 먹고 방 안에 앓아누워 있답니다."

선덕여왕은 잠깐 생각을 하는 듯하더니 말했다.

"유모, 내가 괜한 짓을 한 건 아닌지 모르겠네요. 그 때문에 순박한 젊은이의 마음에 깊은 상처라도 안겨 준 건 아닌지······."

"그건 여왕 마마의 잘못이 아닙니다."

"내가 어떻게 하면 좋을까요?"

"여왕 마마께선 크게 마음 쓰지 않으셔도 되옵니다. 여왕 마마께선 만백성의 임금이요, 어머니입니다. 마음을 굳게 잡수셔야 합니다."

하지만 선덕여왕은 지귀의 생각에서 쉽게 벗어날 수 없었다. 선한 눈망울과 마디 굵은 손가락을 지닌 사내, 그런 순박한 사람이 자신 때문에 목숨이 위험하다는 생각에 선덕여왕의 마음은 결코 편치 않았다.

"여왕 마마, 소장 알천이옵니다."

문 밖에서 알천 장군의 목소리가 들려왔다. 선덕여왕의 얼굴이 다시 어두워졌다.

역사스페셜 박물관

반월성
신라 시대의 궁궐인 월성은 반달처럼 생겼다고 해서 반월성 또는 왕이 사는 곳이라 하여 재성이라고도 합니다. 《삼국사기》에 보면 101년(파사왕 22년)에 쌓았다고 전해지는데, 선덕여왕이 다스릴 무렵에는 둘레의 안압지, 임해전, 첨성대 일대까지 궁궐 안에 포함되었다고 해요. 석공 지귀가 선덕여왕을 그리워하며 애타게 바라보던 곳이 바로 이 반월성이었지요. (시몽포토)

황룡사 구층목탑 모형
황룡사 구층목탑은 선덕여왕이 백제의 기술자 아비지를 불러와 지은 탑입니다. 탑의 높이만도 거의 80미터에 이르는 엄청난 크기였습니다. 선덕여왕은 이 탑을 지어 부처님의 도움으로 일본, 중국, 백제, 고구려 같은 이웃 나라들의 침략을 막으려 했습니다. 안타깝게도 고려 때 몽골군의 침입으로 불타고 말았습니다.
(국립경주박물관 경박 200710-139)

지귀 설화
《삼국유사》와 조선 시대 문인 권문해의 《대동운부군옥》에는 다음과 같이 적혀 있습니다.
"선덕여왕을 사랑하던 지귀가 잠이 든 사이에 여왕이 팔찌만 놓고 돌아갔는데, 잠에서 깬 지귀는 여왕의 금팔찌를 발견하고 더욱더 사모의 정이 불타올라 화귀가 되었다. 지귀가 화귀가 되어 온 세상을 떠돌아다니자 사람들이 매우 두려워하였다. 이에 선덕여왕이 백성들에게 주문을 지어 주어 대문에 붙이게 하니, 그 뒤로 백성들은 화재를 당하지 않게 되었다."

여왕은 내 거야!

첨성대를 세우리라

알천 장군과 귀족 대신들이 왕궁으로 몰려와 있었다. 그들은 모두 알천 장군을 지지하는 사람들이었다. 알천 장군과 몇몇 귀족 대신들은 여자의 몸으로 왕이 된 선덕여왕을 속으로 못마땅하게 여기고 있었다.

"무슨 일로 이렇게 오셨나요?"

그러자 늙은 귀족 하나가 입을 열었다.

"여왕 마마, 부디 알천 장군과 혼인을 서둘러 주십시오. 여왕 마마께서 알천 장군과 혼인을 하시면 백성들의 불안감도 말끔히 가실 것입니다. 또한 이웃 나라들도 우리 신라를 업신여기지 못할 것이옵니다."

선덕여왕은 알천 장군을 바라보았다. 알천 장군은 그런 선덕여왕을 빙긋이 웃으며 보고 있었다. 선덕여왕은 알고 있었다. 알천 장군은 자신을 사랑하는 것이 아니라 자신과 혼인하여 왕의 권력을 누리고 싶어 한다는 것을. 몇몇 대신들과 귀족들도 이와 똑같은 생각을 하고 있었다.

선덕여왕 또한 알천 장군을 사랑하지 않았다. 다만 그의 위세에 눌려 그를 가까이 두고 호위대장으로 삼고 있을 뿐이었다.

명장 김유신은 지금 백제와 싸우러 신라의 서쪽 변두리 지역에 나가 있었다. 김춘추 또한 당나라로, 고구려로 다니며 외교에 전념하고 있었다. 지금 가장 가까이 있는 장군이 알천 장군이었다.

선덕여왕은 왕의 자리에 오르고 나서부터 늘 외로웠다. 아버지 진평왕은 아들이 없었다. 화백회의는 의논 끝에 맏딸인 덕만 공주가 왕위를 잇기로 했다. 그 덕만이 바로 선덕이었다. 여자가 처음으로 왕이 되자 이를 못마땅하게 여기는 무리도 생겨났다. 선덕여왕이 왕의 자리를 잇기로 결정이 나자 칠숙과 석품 같은 귀족들은 반란을 일으키기도 했다.

이웃 나라들도 선덕여왕을 업신여겼다. 당나라 황제는 선덕여왕에게 나비와 벌이 없는 모란꽃 그림을 보내오기도 했다. 선덕여왕이 남편이 없는 여인, 즉 향기가 없는 여인이라 놀린 것이다. 이에 선덕여왕은 분황사라는 절을 지었다. 분황사는 '향기로운 임금의 절'이란 뜻이었다. 당 태종의 놀림에 절을 지어 보기 좋게 되갚았던 것이다.

백제와 고구려 또한 가만있지 않았다. 백제 의자왕은 신라의 서쪽을 공격하여 대야성(지금의 경남 합천)을 차지해 버렸다. 대야성은 신라의 중요한 요충지였다. 이처럼 외적의 침입이 잦자 백성들 사이에는 왕이 여자라서 어려움을 겪고 있다는 말들이 나돌았다. 이를 빌미 삼아 알천 장군과 귀족 대신들은 선덕여왕의 혼인을 압박해 왔다.

"물러들 가시오. 지금 시급한 것은 백제와 고구려, 그리고 당나라의 침략을 막는 일입니다. 나의 혼인과 신라의 운명과는 아무런 연관도 없습니다."

"아니옵니다. 여왕 마마께서 믿음직한 배필을 구하는 것이야말로 바로 신라를 지켜 내는 길이옵니다."

알천 장군은 작심을 한 듯 나서며 말했다.

"알천 장군, 혼인이란 사랑하는 사람끼리 해야 하는 것으로 알고 있어요. 만일 내가 혼인을

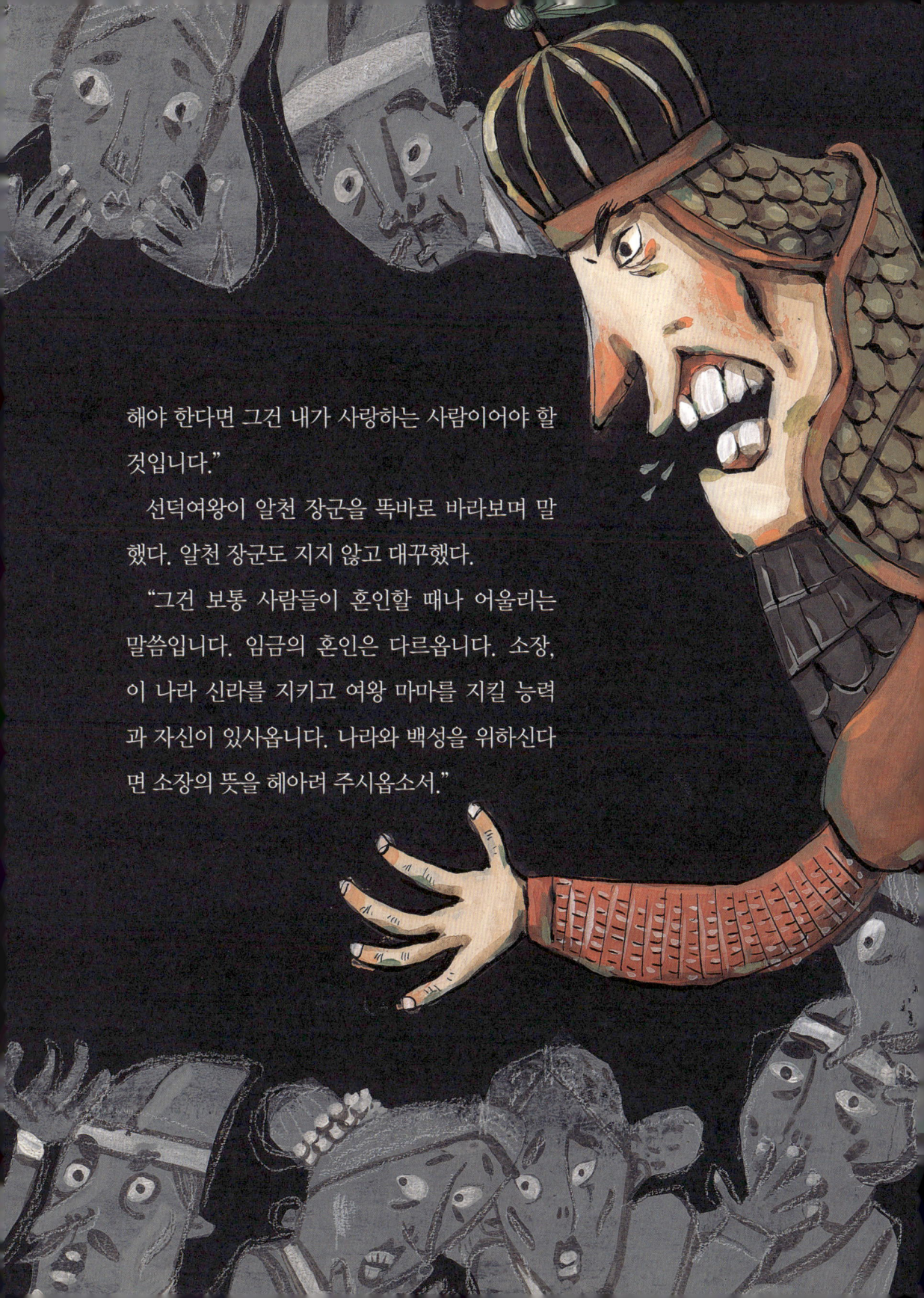

해야 한다면 그건 내가 사랑하는 사람이어야 할 것입니다."

선덕여왕이 알천 장군을 똑바로 바라보며 말했다. 알천 장군도 지지 않고 대꾸했다.

"그건 보통 사람들이 혼인할 때나 어울리는 말씀입니다. 임금의 혼인은 다르옵니다. 소장, 이 나라 신라를 지키고 여왕 마마를 지킬 능력과 자신이 있사옵니다. 나라와 백성을 위하신다면 소장의 뜻을 헤아려 주시옵소서."

선덕여왕은 눈을 감았다. 눈을 감자 영묘사가 떠올랐다. 영묘사 큰 법당의 인자한 부처의 얼굴이 떠올랐고, 두 마리 돌사자가 받치고 있던 아름다운 석등이 떠올랐다. 그리고 무엇보다 지귀라는 석공의 모습이 떠올랐다. 아무렇게나 헝클어진 머리카락, 남루한 옷, 햇볕에 그을린 얼굴과 선한 눈망울이 떠올랐다. 언제나 믿음직한 자장대사의 얼굴도 함께 떠올랐다.

"자장대사를 불러 주세요. 그리고 석등을 만든 그 석공도 함께 불러 주세요."

"여왕 마마, 어찌 천민인 석공을 궁으로 불러들인단 말씀입니까? 그건 아니 되옵니다."

알천 장군이 적극 반대하고 나섰다.

"내 그 석공한테 긴히 부탁할 일이 있어 그러니 꼭 좀 불러 주세요."

"여왕 마마, 만나시려는 그 석공이 소문의 장본인 아닙니까? 소장도 들어서 알고 있습니다. 그 석공, 여왕 마마를 사모하여 병이 났다지요? 하하하."

알천 장군이 웃자 다른 대신들도 따라 웃었다.

"여왕 마마, 소문의 장본인을 궁으로 불러들인다면 만백성들의 웃음거리가 될 것입니다."

선덕여왕은 마음 한구석이 들킨 것 같았다.

"좋습니다. 그럼 자장대사만이라도 불러 주세요."

자장대사는 당나라 유학까지 다녀온 이름 높은 고승이었다. 나이도 선덕여왕과 비슷했다. 자장대사는 당나라에서 공부하던 어느 날, 신비로운 한 인물을 만났다. 그는 자장대사에게 이렇게 말했다.

"지금 신라가 여자를 임금으로 삼았다고 해서 이웃 나라들이 깔보며 넘보고 있으니 너는 서둘러 돌아가서 너의 임금을 도와라!"

이 말을 들은 자장대사는 바로 신라로 돌아왔고, 그 뒤로 선덕여왕이 어려울 때마다 늘 곁에서 돕고 있었다. 선덕여왕 또한 중요한 일을 결정할 때는 꼭 자장대사를 불러 그의 의견을 들었다.

자장대사가 궁으로 불려오자 선덕여왕은 대사 곁으로 바싹 다가앉아 귀엣말을 건넸다.

"천문을 살피시려 하시옵니까?"

자장대사가 선덕여왕에게 되물었다.

"그렇습니다. 천문을 살피면 일기를 알게 될 것이고, 그것을 널리 백성들에게 알리면 농사일을 하는 데 도움이 되지 않겠습니까?"

"참으로 훌륭하신 생각입니다. 하늘을 살피고 하늘의 뜻을 읽는다면 온 백성들에게 큰 도움이 될 것이옵니다. 나무 관세음보살."

"지귀라는 그 석공은 어떻게 지내는지요? 저도 소문은 들어서 알고 있습니다."

"송구하옵니다. 소승이 잘 타이르고는 있습니다만……."

선덕여왕이 고개를 끄덕였다.

"아무래도 천문대는 돌로 만들어야 하겠지요?"

자장대사는 선덕여왕의 속마음을 읽을 수 있었다. 선덕여왕은 천문대 만드는 일에 지귀를 참여시켜 자주 공사장을 찾을 셈이었던 것이다. 그러면 지귀 또한 먼발치서나마 선덕여왕을 볼 수 있을 것이었다.

"천문대에는 여왕 마마의 위엄과 생각을 그대로 담아야 할 것입니다. 천문대를 바라보는 백성들이 여왕님과 부처님이 다르지 않다는 것을 느낄 수 있어야 합니다."

자장대사의 말에 선덕여왕이 고개를 끄덕였다.

"천문대의 이름은 첨성대로 하겠어요."

선덕여왕이 천문대인 첨성대를 만들겠다고 발표하자 알천 장군은 그 일을 자신에게 맡겨 달라고 했다.

"첨성대가 완공되는 날, 그 탑 아래서 여왕 마마께 정식으로 청혼하겠습니다."

그 말에 아랑곳하지 않고 선덕여왕은 먼 하늘로 눈을 돌렸다. 거기에는 눈이 시릴 듯한 푸르디푸른 신라의 하늘이 펼쳐져 있었다.

역사스페셜박물관

선덕여왕 무덤
선덕여왕은 죽기 전에 "나는 도리천에 묻힐 것이니 낭산에 장사 지내라."는 말을 남겼습니다. 신하들이 영문도 모르고 낭산에 무덤을 썼는데, 32년 뒤 문무왕 때 여왕의 무덤 아래 사천왕사라는 절이 생겼습니다. 원래 도리천은 사천왕이 지키는 곳인데, 여왕의 무덤 아래 사천왕사가 생겼으므로 여왕의 무덤은 곧 도리천이 되는 것이죠. 도리천은 신의 세계를 말하는데, 선덕여왕은 자신이 묻힌 곳이 도리천이길 바랐던 것이죠. (시몽포토)

선덕왕 지기삼사
《삼국사기》에는 '선덕왕 지기삼사'라는 글이 적혀 있습니다. 즉 선덕여왕이 자신에게 일어날 일 세 가지를 미리 알고 있었다는 것이죠. 당나라 황제가 벌과 나비가 없는 모란 그림을 보냈을 때 자신을 놀린다고 생각한 것, 그리고 영묘사 연못에 두꺼비 떼가 나타나 울자 백제군이 쳐들어온 것을 알아챈 것, 마지막으로 자신이 죽을 날을 미리 알아서 장사 지낼 곳을 알린 것, 이 세 가지를 말하는 것입니다.

향기가 없어!

분황사 모전석탑
모전석탑이란 돌을 마치 벽돌처럼 다듬어서 만든 탑이라고 합니다. 그냥 벽돌로 지은 탑은 전탑이라고 하죠. 이렇게 돌을 벽돌처럼 다듬으면 돌을 옮기기도 편하고 탑도 안정감 있게 쌓을 수 있습니다. 선덕여왕은 이 탑을 쌓아 신라 백성들에게 자신이 어느 왕보다도 나라를 잘 다스릴 수 있다는 걸 말하고 싶었는지도 모릅니다. (시몽포토)

분황사
경주시 구황동에 있는 신라 시대의 절. 선덕여왕 3년(634년)에 지은 이 절은 현재 국보 30호인 모전석탑을 비롯하여 화쟁국사비 비석대, 돌우물, 돌구유, 석등 같은 귀중한 문화재가 많이 남아 있습니다. 원효대사는 이곳에서 《화엄경소》라는 책을 썼고, 솔거가 그린 '관음보살상'도 있었다고 합니다. 이곳은 당 태종에게 맞섰던 선덕여왕의 용맹함과 지혜가 깃들어 있는 절입니다. (시몽포토)

무너지는 첨성대

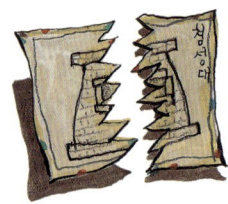

"아얏!"

바위에 정을 대고 망치질을 하던 지귀는 그만 자신의 손을 찧고 말았다. 금세 새빨간 핏방울이 바위 위로 뚝뚝 떨어졌다. 지귀는 얼른 손가락을 입에 물고 피를 빨았다. 그때였다. 등짝에 넋이 나갈 만큼의 아픔이 지나갔다. 채찍이었다.

"네 이놈, 정신을 어디다 팔고 있는 게야?"

지귀의 등에 채찍을 내리친 사람은 채석장 책임자 을석이라는 감독관이었다.

"한 번만 더 정신을 딴 데 팔았다가는 아주 요절을 낼 것이니라."

선덕여왕의 바람대로 첨성대 공사는 시작되었다. 지귀가 스스로 첨성대 공사장을 찾아갔을 때 알천 장군은 지귀를 보며 비웃었다.

"후후후, 네 놈이 찾아올 줄 알고 있었다. 그래, 여왕 마마의 팔찌는 잘 간직하고 있느냐?"

"……."

"내 너의 솜씨가 좋다는 것은 알고 있느니라. 하지만 너는 여기 말고 남산 채석장으로 가거라. 거기에서 첨성대를 쌓을 돌을 쪼개는 일을 해라. 할 수 있겠느냐?"

지귀는 적이 실망했다. 자신이 가장 잘하는 일은 한 치도 어긋남 없이 돌을 반듯하게 다듬어 돌탑을 쌓을 수 있도록 하는 것이었다. 바위에 구멍을 낸 뒤 나무쐐기를 박고 물을 부어 두면 나무쐐기가 부풀어 오르면서 바위가 갈라지는데, 그것을 우마차에 싣고 옮기는 것은 너무나 쉬운 일이었다. 지귀는 그보다는 돌을 반듯하게 다듬고 맞추고 그것을 쌓는 일을 하고 싶었다.

"너처럼 젊고 힘 있는 석공들은 남산에서 바위 쪼개는 일이 딱 알맞아. 가서 열심히 해라. 다 여왕 마마를 위한 것이니, 하하하."

이렇게 해서 지귀는 자신의 뜻과는 상관없이 남산에서 바위 쪼개는 일을 하게 되었던 것이다. 첨성대 현장에서 일한다면 가끔이나마 여왕 마마를 볼 수도 있겠지만, 이곳에서는 여왕 마마를 보는 일이 매우 힘들 것 같았다.

멀리서 풍악 소리가 아련히 울려왔다. 산 위에서 바위를 쪼개던 사람들이 모두 산 아래를 내려다보았다. 첨성대 현장이 술렁이고 있었다.

"여왕 마마께서 또 행차하신 모양이구먼."

"누구는 여왕 마마 가까이서 일하고 누구는 이 산꼭대기에서 죽어라 일하니, 원 참."

일꾼들이 수군댔다. 지귀도 정과 망치를 든 채 저 멀리 반월성 북쪽 들판을 내려다보았다. 선덕여왕이 석공과 일꾼들 사이를 천천히 지나갔다. 석공들은 모두 열심이었다. 바닥에는 이미 첨성대를 받칠 커다란 받침돌이 놓여 있었다.

"이제 이 받침돌 위에 돌을 쌓기만 하면 됩니다. 여기 모인 석공들은 모두 우리 신라에서 내로라하는 자들입니다. 여왕 마마께서는 아무런 걱정 마시고 소장한테 모든 것을 맡겨 주십시오."

"영묘사 석등을 만들었던 그 석공의 솜씨도 보통이 아니었는데, 어째 그 사람은 안 보이는군요?"

"그 자는 남산 꼭대기에서 바위 쪼개는 일을 하고 있습니다."

"남산에서 바위 쪼개는 일을 하고 있다고요?"

선덕여왕은 남산 쪽으로 눈길을 돌렸다. 선덕여왕이 한참 동안 남산을 바라보자 알천 장군의 얼굴이 일그러졌다.

"여왕 마마, 소장 감히 한 말씀 여쭤도 되겠는지요?"

그러자 선덕여왕이 알천 장군 쪽으로 얼굴을 돌렸다.

"여왕 마마께서도 어쩌면 그 지귀라는 석공을 마음속에 두고 계시는 건 아닌지요?"

"내가 대답해야 할 의무가 있나요?"

"소장은 여왕 마마의 호위대장입니다. 따라서 여왕 마마에 관한 일이라면 무엇이든 알아야만 합니다."

선덕여왕은 이쯤에서 알천 장군에게 단단히 일러두어야겠다고 생각했다.

"그 자 또한 내 백성입니다. 내 사랑하는 백성일 뿐입니다."

"사, 사랑이라 하셨는지요?"

"왜요? 뭐가 잘못됐나요?"

알천 장군은 입을 다물었다. 선덕여왕은 서둘러 첨성대 현장을 벗어났다. 반월성으로 돌아간 선덕여왕은 그 뒤로 자주 남산을 바라보는 버릇이 생겼다. 그 사실을 알아차린 알천 장군은 마음속으로 굳은 결심을 했다. 그것은 무서운 생각이었다.

커다란 바위에 나무쐐기를 박을 구멍을 뚫던 지귀는 잠깐 일손을 멈추고 저 아래 첨성대 현장을 내려다보았다. 수많은 사람들이 모여서 작업을 하는 모습이 마치 개미 떼처럼 보였다. 한쪽에서는 돌을 다듬고 또 한쪽에서는 이제 막 다듬은 돌을 쌓아 올리고 있었다. 그 모습을 지켜보던 지귀는 깜짝 놀라 정과 망치를 내려놓은 채 바위를 내려와 채석장 감독관인 을석을 찾았다.

"나리, 탑을 저렇게 쌓으면 안 됩니다. 저렇게 맨땅에다 쌓으면 금세 무너집니다."

"뭣이, 탑이 무너진다고? 어디서 불길한 소리를 지껄이느냐? 네 놈이

정녕 탑이 무너지기를 원하는 것이더냐?"

"알천 장군께 꼭 말씀드려 주십시오. 저렇게 맨땅에다 탑을 쌓으면 결코 안 됩니다."

"시끄럽다, 이놈! 당장 바위 위로 올라가지 못하겠느냐?"

을석이 채찍을 휘둘러 지귀를 쫓아냈다. 지귀를 쫓아 보낸 을석은 고개를 돌려 저 아래 첨성대 현장을 내려다보았다. 을석도 뭔가 불길한 생각이 들어 곧바로 알천 장군을 찾아가 지귀의 말을 전했다.

"뭐라고? 정말로 그놈이 그런 말을 했단 말이냐?"

"어떻게 할까요? 아예 녀석을 쫓아내 버릴까요?"

"고얀 놈이로구나. 그냥 둬선 안 되겠다. 내 말 단단히 들어라."

그러면서 알천 장군은 을석의 귀에 대고 아무도 모르게 지시를 내렸다. 알천 장군의 말을 다 들고 난 을석의 얼굴이 금세 굳어졌다.

지귀가 일하는 채석장에 점심시간을 알리는 나팔 소리가 길게 울렸다. 사람들은 서둘러 산 아래로 내려갔다. 지귀도 정과 망치를 그 자리에 두고 몸을 일으켰다. 높은 바위를 조심스레 타고 내려가 사람들이 몰려 있는 건너편 골짜기로 갔다.

지귀가 막 골짜기를 건너려고 할 때였다. 갑자기 벼락 같은 소리가 들리더니 골짜기 위에서 엄청 큰 바윗덩이들이 굴러 떨어져 내렸다. 바윗덩이들은 곧장 지귀 쪽으로 굴러왔다. 누군가 "앗, 위험해!" 하고 외치는 소리가 들리는 듯했다.

　절체절명의 위기에서 지귀는 몸을 날려 골짜기의 바위 틈새에 납작 엎드렸다. 엎드린 지귀 위로 바윗덩이들이 굴러갔다. 점심을 먹으려고 모여 있던 사람들은 그 끔찍한 광경을 모두 목격했다. 하지만 바로 그때 골짜기 위에서 사라지는 정체 모를 그림자는 아무도 보지 못했다.
　바윗덩이들이 지나가고 뿌연 먼지 속에서 지귀가 아무 탈 없이 일어나자 그제야 사람들은 안도의 숨을 내쉬었다. 지귀는 기적같이 목숨을 건진 것이다. 지귀는 맨 먼저 품속에 넣어 둔 금팔찌부터 뒤졌다. 다행히 금팔찌는 그대로 있었다. 그날 밤 을석을 만난 알천 장군은 불같이 화를 냈다.
　"그딴 놈 하나 제대로 처리하지 못했단 말이냐?"
　"송구하옵니다. 다음 번엔 반드시 성공하겠습니다."
　알천 장군과 을석이 남몰래 만나고 있던 그 시간에 서라벌 사람들은

땅이 크게 흔들리는 충격을 느꼈다.
아주 짧은 시간이었지만
틀림없이 땅이 크게 흔들렸다.
집도 흔들리고 집 안의 물건들도 쏟아져 내렸다.
지진이었다. 바로 그때 알천은 자신의 귀를
의심하는 소리를 들어야 했다.
 "큰일 났다. 첨성대가 무너졌다. 첨성대가 무너졌어!"

역사스페셜박물관

신라왕경도

지난 1992년 천 년 전 신라의 수도 서라벌을 동양화 기법으로 그린 그림의 한 부분입니다. 거의 17만 호 넘게 살았다는 그 무렵의 경주가 잘 나타나 있습니다. 맨 아래쪽 남산 가까운 곳에 반월성이 있는 것을 알 수 있습니다. 이렇게 가까이 있으면서도 신분의 차이로 선덕여왕과 지귀는 쉽게 만날 수가 없었던 것이죠. (신라역사과학관)

금팔찌

신라는 황금의 나라라고 이를 만큼 여태 많은 금제 유물이 전해지고 있습니다. 황남대총과 천마총 같은 무덤에서 나온 금팔찌들을 살펴보면 팔찌 겉에 여러 가지 무늬를 새겨 넣은 것들도 있습니다. 선덕여왕이 지귀에게 준 팔찌에는 어떤 무늬가 새겨져 있었을까요? (국립경주박물관 경박 200710-139)

신라 시대 지진에 관한 기록 《삼국사기》 '신라 본기'에 따르면 지진 기록만도 54회에 걸쳐 나오는데, 경주는 경주 단층과 울산 단층이 만나는 곳이라 지진이 잦았다고 합니다. 선덕여왕 2년 2월에 "서울(경주)에 지진이 있었다."는 기록이 나오고 있습니다. 그 때문에 첨성대는 지진에도 끄떡없는 내진 설계가 필요했던 것이죠.

경주 남산 용장사곡 삼층석탑

경주 남산의 동쪽 봉우리에 우뚝 솟아 있는 이름난 삼층석탑으로, 선덕여왕보다 훨씬 후대인 통일신라 시대 때 세워졌다고 합니다. 탑은 커다란 자연 바위 위에 세워져 있는데, 이처럼 경주 남산은 산 자체가 커다란 바위라고 할 만큼 바위가 많았습니다. 그래서 수많은 탑과 마애석불들이 남산에 가득한 것이죠. 지귀가 첨성대를 지으려고 떼 내던 바위도 바로 남산의 이런 바위였을 겁니다. 보물 186호. (시몽포토)

영원한 사랑의 금자탑

마침내 화공이 선덕여왕에게 종이를 바쳤다. 종이를 펼쳐본 선덕여왕은 감탄했다.

"오, 참으로 아름답구나! 정말 이대로 만들 수 있겠느냐?"

종이를 들여다보던 선덕여왕이 다소곳이 서 있는 지귀에게 물었다.

"오, 온 힘을 다하겠습니다."

지귀는 깊숙이 고개를 숙이며 들릴락 말락 하게 대답했다. 그런 선덕여왕과 지귀를 알천 장군은 불만 가득한 얼굴로 바라보고 있었다.

알천 장군이 만들던 첨성대가 지진으로 무너지자 선덕여왕은 크게 실망했다. 선덕여왕은 지진에 못 견디는 첨성대는 필요 없다며 곧장 지귀를 부르라 했다. 지귀만이 지진에도 끄떡없는 첨성대를 만들 수 있을 거라고 했다. 알천 장군도 더는 할 말이 없었다. 이렇게 해서 선덕여왕 앞에 불려온 지귀는 자신이 첨성대를 어떻게 만들고 싶은지 떠듬떠듬 말했고, 이것을 궁중의 화공이 그려서 설계도를 만들었던 것이다.

"알천 장군, 이것 좀 보세요. 정말 아름답고 독특하지 않나요?"

알천 장군도 선덕여왕이 건네 준 설계도를 보고는 속으로 자못 놀랐다. 전체 모양은 마치 우물을 뽑아 올려놓은 듯했다. 둥근 곡선이 위로 올라가면서 점차 좁아졌으며, 탑 한가운데는 구멍이 뚫려 있었다. 그 구멍은 사람이 드나드는 창이라고 했다. 나무 사다리를 써서 창까지 올라간 다음 첨성대 안에 세워 둔 사다리를 타고 꼭대기까지 올라간다고 했다. 맨 꼭대기에는 천문을 살필 수 있도록 네모난 공간을 만들었다.

"전체 높이는 모두 서른세 단으로 한다는군요. 서른세 단은 부처님이 사시는 도리천을 뜻한다고 해요. 그러니까 첨성대 자체가 바로 부처님이 사는 수미산이 되는 것이지요. 이 얼마나 뛰어난 생각입니까?"

"정말 지진에도 안 무너지고 끄떡없는 탑을 쌓을 수 있느냐?"

알천 장군이 윽박지르듯 지귀에게 물었다.

"따, 땅을 파고 큰 돌을 묻은 다음 그 위에 쌓으면 될 것입니다."

지귀가 더욱 기어 들어가는 목소리로 말했다.

"오냐, 내 지켜보겠다. 이대로 못 만들면 네 목을 내놓을 각오를 해라. 알겠느냐?"

지귀는 고개만 깊숙이 숙였다.

"만일 이 그림대로만 첨성대를 만든다면 내 너에게 큰 상을 내리고 궁궐에서 살 수 있도록 할 것이니라!"

선덕여왕이 알천 장군의 말을 가로막으며 지귀에게 말했다. 그 소리에 지귀의 얼굴이 금세 환해졌다.

첨성대 공사 현장은 활기가 넘쳤다. 자장대사도 젊은 스님들을 데리고 와서 정성껏 불공을 드리며 열심히 도왔다. 첨성대가 올라갈수록 알천 장군은 초조해졌다. 선덕여왕은 하루에도 몇 차례씩 반월성 성곽에 올라 첨성대가 올라가는 모습을 지켜보았다.

은하수가 유난히 빛나던 밤이 지나고 푸르스름한 새벽안개가 피어오를 무렵, 밤새도록 첨성대 꼭대기에서 네 귀퉁이 돌을 다듬던 지귀가 한껏 달아오른 얼굴로 정과 망치를 내려놓고는 무릎을 꿇었다.

날이 밝자 첨성대 현장으로 몰려든 사람들은 벌린 입을 다물지 못했다. 하늘 높이 뻗어 올라간 우물 모양의 첨성대가 거기 서 있었던 것이다. 맨 위 사각 돌 위에는 석공 지귀가 마치 돌이 된 듯 결가부좌한 채 합장을 하고 있었다. 아침 햇살을 받으며 두 손을 모으고 합장을 하고 있는 그 엄숙한 모습에 사람들은 숨조차 크게 못 쉬었다.

소식을 듣고 달려온 알천 장군도 놀라기는 마찬가지였다. 저토록 아름다운 모습으로 첨성대가 완공될 줄은 미처 몰랐던 것이다. 설마 하던 일이 자신의 눈앞에서 버젓이 벌어지고 있었다. 알천 장군은 천천히 첨성대 앞으로 다가갔다. 모여 있던 사람들이 옆으로 비켜서며 길을 터 주었다. 알천 장군은 첨성대 꼭대기의 지귀를 올려다보았다. 마치 탑과 하나가 된 듯한 모습이었다.

"왜 저렇게 죽은 듯이 꼼짝 않고 있는가?"

그때 을석이 알천 장군의 귀에다 대고 뭔가 속삭였다. 그러자 알천 장군은 서둘러 첨성대 높이를 세어 보았다. 틀림없이 서른한 단이었다. 몇 번을 되풀이해서 세어도 마찬가지였다. 맨 아래 사각형의 기단이 두 단, 둥근 몸체가 스물일곱 단, 그리고 맨 꼭대기 사각형이 두 단, 틀림없이 모두 서른한 단이었다.

"곧장 저놈을 끌어 내려라!"

군사들이 사다리를 놓고 첨성대로 올라가 지귀를 끌고 내려왔다.

"네 이놈! 어찌하여 서른세 단으로 만들겠다는 약속을 어겼느냐?"

"틀림없이 서른세 단이 맞습니다."

지귀는 지친 목소리로 눈도 제대로 뜨지 못하고 말했다.

"네 이놈! 눈이 있거든 똑똑히 세어 보아라. 어째서 저게 서른세 단이란 말이냐?"

"소인은 틀림없이 서른세 단으로 만들었습니다."

"이, 이런 고얀 놈 같으니라고! 여봐라, 단의 개수 하나 제대로 못 세는 저놈의 두 눈이 다시는 세상을 못 보게 인두로 지져라!"

"예, 장군!"

군사들이 달려들어 지귀를 끌고 갔다. 지귀가 끌려가고 난 바로 뒤 선덕여왕과 자장대사, 그리고 수많은 귀족 대신들이 첨성대를 찾았다. 선덕여왕을 비롯해 그 자리에 모여 든 모든 사람들은 하나같이 첨성대의 아름다운 모습에 입을 다물 줄 몰랐다.

"내 이 첨성대에서 하늘의 뜻을 살펴 신라의 백성들이 영원히 평안토록 할 것이니라!"

백성들은 너나없이 큰 소리로 기뻐했다.

"그런데 지귀는 어디 있느냐? 내 큰 상을 내리고 약속대로 그를 왕궁으로 데리고 들어갈 것이니라."

"여왕 마마, 지귀는 큰 죄를 지어 소상이 벌을 내렸습니다."

알천 장군이 나서며 말했다.

"아니, 이토록 큰일을 했는데 죄를 짓다니 그게 무슨 말씀입니까?"

"이 첨성대를 자세히 보십시오. 모두 서른한 단으로 되어 있습니다. 맨 처음 지귀 놈은 서른세 단으로 짓겠다고 굳게 약속했습니다. 그러니 이는 여왕 마마를 속인 것입니다."

"그래서 그를 어찌했소?"

자장대사가 나서며 물었다.

"두 눈을 뽑아 멀리 쫓아 버렸소이다."

"나무 관세음보살. 이보시오, 알천 장군! 지귀는 틀림없이 첨성대를 서른세 단으로 만들었소이다."

"대사님 눈도 어찌 되셨습니까? 다시 똑똑히 세어 보시지요."

"물론 돌탑만 보면 서른한 단입니다. 하지만 지귀는 땅과 하늘까지 쳐서 서른세 단으로 만든 것입니다. 돌도 세월이 흐르면 바뀌지만 영원히 안 바뀌는 것은 하늘과 땅이 아니오? 지귀는 바로 그 영원성을 첨성대에 함께 쌓은 것입니다."

자장대사의 말에 알천 장군은 아무 말도 못했다. 선덕여왕이 이마를 짚으며 휘청거렸다

"여왕 마마!"

궁녀들이 얼른 선덕여왕을 부축했다.

그리고 얼마 뒤 서라벌에는 이상한 소문이 나돌았다. 밤마다 남산 동쪽 기슭 골짜기에 귀신이 나타나 돌을 쫀다는 소문이었다. 백성들은 귀신이 두려워 대낮에도 골짜기 가까이엔 가지도 못한다고 했다.

소문은 석 달 열흘간이나 이어졌고, 마침내 왕궁의 담을 넘어 선덕여왕의 귀에까지 들어갔다. 그러던 어느 날 선덕여왕이 그 귀신을 쫓겠다고 나섰다. 알천 장군을 비롯해 모두 나서서 말렸지만 선덕여왕은 몸소 골짜기를 찾았다. 알천 장군과 자장대사도 뒤따랐다. 얼마를 올라갔을까? 움푹 파인 커다란 바위가 하나 보였다. 먼저 그 바위로 다가간 자장대사가 그 자리에 우뚝 서더니 곧 무릎을 꿇고 합장을 했다. 뒤이어 다가간 선덕여왕 또한 놀라 그 자리에 멈춰 섰다.

　커다란 바위에는 부처님이 한 분 모셔져 있었다. 그런데 놀랍게도 부처님은 여자의 모습이었다. 더 놀라운 사실은 그 부처님 앞에 금팔찌가 놓여 있었던 것이다. 선덕여왕은 곧 모든 것을 알 수 있었다. 선덕여왕은 오래오래 그 부처님 앞에 앉아 있었다. 그 뒤로 지귀를 보았다는 사람은 아무도 없었다.

역사스페셜 박물관

첨성대

경주시 인왕동에 있는 국보 31호. 첨성이란 별을 살핀다는 뜻이라고 합니다. 높이가 9미터쯤 되는 첨성대는 한때 제사를 지내는 제단이라는 설이 있기도 했습니다만 지금은 신라의 천문대로 인정받고 있습니다. 그 독특한 생김새 탓에 선덕여왕의 몸매를 닮았다고 하기도 합니다. 아래위 사각 기단을 뺀 몸통 돌의 수는 세는 사람에 따라 362개에서 366개로 한 해의 날짜 수를 상징한다고 하며, 몸통의 단층 수는 모두 스물일곱 단으로 27대 임금 선덕여왕을 상징한다는 말이 있습니다. (시몽포토)

첨성대에 담긴 깊은 뜻은?

먼저 전체 높이는 서른한 단으로 되어 있어요. 맨 아래 기단이 두 단, 그 위로부터 창 아래까지가 열두 단, 이는 한 해 열두 달을 뜻한다고 해요. 그리고 창의 높이가 석 단, 그 위가 다시 열두 단, 그리고 맨 꼭대기가 두 단, 이렇게 해서 모두 더하면 서른 단이 됩니다. 여기에 하늘과 땅을 더해 서른세 단으로 만든 것입니다. 서른셋은 도리천을 뜻한다고 하니, 이 첨성대에는 도리천에 살고 싶었던 선덕여왕의 간절한 바람이 담겨 있지요.

첨성대 창

첨성대의 한가운데에는 창이 뚫려 있습니다. 창은 반월성 쪽으로 나 있는데요, 천문관들은 여기로 나들었답니다. 창 아래쪽에는 사다리를 댈 수 있도록 돌에 홈이 패어 있는 것을 볼 수 있습니다. (시몽포토)

첨성대 안의 아래쪽

첨성대 안의 창 높이까지는 흙과 자갈이 가득 들어차 있습니다. 이렇게 흙과 자갈을 채운 것은 탑의 안전성을 위한 것이죠. 이처럼 튼튼하게 만들어졌기에, 첨성대는 지난 1300년간 한 번도 고치거나 새로 짓지 않고 줄곧 그대로의 모습을 지켜 올 수 있었던 것입니다. (시몽포토)

첨성대 내부 위
첨성대 안에는 위쪽으로 '우물 정(井)' 자 모양의 장대석이 두 군데 있는데, 이들이 안쪽 사다리 받침대 구실을 합니다. 바깥 사다리를 타고 첨성대 안으로 들어간 천문관은, 이 안에서 사다리 둘을 걸친 다음 첨성대 꼭대기까지 올라갔습니다. 만일 첨성대 바깥에 계단을 만들었다면 계단 때문에 지금의 아름다운 생김새는 도저히 낼 수 없었을 것입니다. 이것만 보더라도 우리는 신라 사람들의 뛰어난 예술 감각을 엿볼 수 있습니다. (시몽포토)

첨성대 꼭대기
높이가 9미터쯤 되는 첨성대 꼭대기에는 반쪽짜리 커다란 돌이 놓여 있습니다. 나머지 반은 아마도 나무판자를 놓았을 것입니다. 천문을 살피러 관리들이 꼭대기에 가려면 가벼운 나무판자를 밀고 올라간 다음, 나머지 반의 돌 위에 서서 천체를 관측했을 것입니다. (시몽포토)

경주 남산 불곡석불좌상
경주 남산 동쪽 기슭에 있는 바위를 깊이 파서 새긴 마애불. 보물 198호. 바위를 깎아 내고 방을 만든 다음 불상을 새겼다고 해서 감실불상이라고도 합니다. 우리나라에서는 보기 드문 여자 부처님이지요. 지귀가 이 부처님을 만들었다면 그가 본보기로 삼은 사람은 틀림없이 선덕여왕이었을 것입니다. 몇몇 전문가는 이 불상이 7세기 형태를 띠고 있다 해서 선덕여왕을 본보기로 삼았을 가능성을 더욱 높여 주고 있습니다. (시몽포토)

첨성대의 별

둘레는 벌써 깜깜해져 있었다. 첨성대 꼭대기에서 바라본 경주의 밤하늘 여기저기에는 별이 빛나고 있었다. 상남은 첨성대 꼭대기에 서 있었다.

"어떠냐? 도리천 꼭대기에 서 있는 기분이?"

석공 지귀가 상남에게 조용히 물었다.

"그러니까 이곳이 바로 부처님이 계신다는 수미산 꼭대기인 셈이네요?"

"암, 그렇고말고. 도리천은 수미산 꼭대기에 있는데, 사방에 봉우리 넷이 있고 봉우리마다 하늘 여덟이 있지. 그래서 4곱하기 8하면 32. 그러니까 하늘이 서른 둘 있고 그 한가운데 하늘이 또 하나 있기에 33천, 즉 도리천이라고 한단다. 이곳이 바로 도리천인 게지."

상남은 지귀를 바라보며 고개를 끄덕였다. 지귀의 목소리에서는 첨성대를 만든 자부심이 그대로 묻어 나오고 있었다.

"자, 이제 나는 가마."

"어디로 가실 건데요?"

"글쎄다. 그러나 어디를 가더라도 이 첨성대와 선덕여왕님을 생각하는 마음은 변함이 없을 게다."

"첨성대를 시시하다고 한 거 정말 죄송해요."

"하하, 아니다. 자, 그럼 다시 만날 때까지 안녕!"

"아니, 여태까지 여기 서서 뭐 하고 있어?"
 상남의 뒤로 엄마 아빠가 나타났다. 마치 꿈을 꾼 듯했다.
"하하, 우리 상남이가 첨성대에 푹 빠진 모양이구나. 자, 이제 그만 가서 밥 먹어야지. 아빠가 맛있는 거 사 줄게."
"아빠, 정말 여기서 엄마한테 청혼했어요?"
"응? 응, 그래. 이 첨성대를 바라보면서 고백했지."
"그럼, 걱정 마세요. 엄마 아빠의 사랑도 영원할 거예요. 왜냐하면 이 첨성대에도 영원히 변하지 않을 아름다운 사랑 이야기가 담겨 있으니까요."
"얘가 점점 모를 소리만 하네. 여보, 우리 상남이가 한 얘기가 무슨 말이에요?"
 아빠도 잘 알 수 없다는 듯 어깨만 으쓱했다.
"어쨌든 듣기는 좋네요. 자, 이제 가서 밥 먹자."
 엄마가 상남의 손을 이끌었다. 엄마 아빠를 따라가면서 상남은 다시 고개를 돌려 첨성대를 바라보았다. 첨성대 위에서는 별 하나가 반짝하고 빛나고 있었다. 마치 선덕 여왕의 자비로운 웃음처럼, 지귀의 선한 눈망울처럼······.

선덕여왕 시대와 신라의 삼국 통일

여자의 몸으로 왕위에 오른 선덕여왕은 안팎으로 숱한 어려움을 무릅쓰고,
김춘추와 김유신 그리고 자장대사 같은 강력한 지지 세력의 도움으로 삼국 통일의
기반을 닦는 데 크게 이바지합니다.

　　선덕여왕은 632년부터 647년까지 15년간 왕의 자리에 있었다. 신라가 백제를 무너뜨린 해가 660년, 고구려를 무너뜨린 해가 668년이었다. 이어서 당나라를 상대로 거의 10년 동안 벌인 치열한 전투를 승리로 이끌고 마침내 삼국을 통일한 해가 678년이었다. 다시 말해, 신라는 선덕여왕이 죽은 지 13년 만에 백제를 무너뜨리면서 삼국 통일의 발판을 마련한다.

　　그렇지만 선덕여왕 시대는 안팎으로 매우 어려운 처지에 놓여 있었다. 선덕여왕 11년(642년)에는 백제 의자왕이 대군을 보내 신라 서쪽에 있던 마흔 개 남짓한 성을 차지해 버렸고, 같은 해 8월에는 백제 장군 윤충이 대야성(지금의 경남 합천)을 공격하여 이곳을 지키던 김춘추의 사위와 딸을 죽였다. 선덕여왕 14년에는 당 태종이 고구려를 침공하자 신라군 3만도 함께 고구려를 공격했다. 이 틈을 타 백제는 신라를 공격하여 성을 일곱이나 빼앗았다.

　　이런 힘든 상황 속에서도 선덕여왕을 든든히 받쳐 주는 이들이 있었으니, 훗날 삼국 통일의 주역으로 활약하게 될 김춘추와 김유신이 바로 그들이다. 김춘추는 진지왕의 아들인 용춘과 진평왕의 딸인 천명 부인 사이에서 태어났다. 선덕여왕도 진평왕의 딸이므로 김춘추는 당연히 선덕여왕의 조카가 되는 셈이다.

　　김춘추는 신라의 명장 김유신의 여동생과 혼인을 하는데, 이들의 혼인에는 선덕

여왕이 큰 구실을 했다. 김유신은 혼인도 하기 전에 여동생 문희가 김춘추의 아이를 갖자, 여동생을 불태워 죽이려고 마당에 불을 지폈다. 선덕여왕이 아직 왕의 자리에 오르기 전이었던 덕만 공주일 때 김유신의 집에서 연기가 피어나는 것을 보고, 사건의 자초지종을 알게 된다. 이에 덕만 공주는 김춘추에게 바로 달려가서 김유신 집안에 혼인할 뜻을 밝혀 어서 문희를 구하라고 이른다.

일설에 따르면 이 일은 김유신이 김춘추를 매제로 삼으려고 일부러 꾸민 연극이라는 얘기도 있지만, 어쨌든 김춘추의 혼인에 선덕여왕이 중요한 구실을 한 것만은 틀림없는 사실이다.

이처럼 김춘추와 김유신은 선덕여왕과 남다른 인연을 맺으며 끈끈한 관계를 이어 감으로써, 선덕여왕이 왕의 자리에 올라 어려움을 겪을 때마다 물심양면으로 돕기를 마다하지 않는다. 이들 둘은 외교와 군사 양쪽에서 버팀목이 되어 선덕여왕이 삼국 통일의 기반을 닦아 가는 데 큰 구실을 한다.

그러한 가운데 선덕여왕은 차츰 왕의 힘을 굳건히 다져 가며 신라 사회를 하나로 모으는 데 온 힘을 쏟는다. 첨성대를 비롯한 황룡사 구층목탑과 분황사 같은 대규모 사업들도 바로 선덕여왕이 왕의 힘을 굳건히 다지고 나라를 안정되게 이끌어 가려는 깊은 뜻에서 탄생한 위대한 걸작품이다.

역사 스페셜 작가들이 쓴 이야기 한국사 17
첨성대에 서린 애틋한 사랑 선덕여왕과 지귀

글 윤영수 | 그림 김민정

초판 1쇄 펴낸날 2007년 12월 8일 | **초판 11쇄 펴낸날** 2018년 1월 30일
펴낸이 최만영 | **편집장** 한해숙 | **기획·편집** 네사람 | **편집** 최현정
디자인책임 하늘·민 | **디자인** 최성수, 이이환 | **사진진행** 시몽포토에이전시
마케팅 박영준, 신희용 | **영업관리** 김효순 | **제작** 강명주, 박지훈
펴낸곳 (주)한솔수북 | **출판 등록** 제 2013-000276호 | **주소** 03996 서울시 마포구 월드컵로 96 영훈빌딩 5층
전화 02-2001-5823(편집), 02-2001-5828(영업) | **전송** 02-2060-0108
전자우편 isoobook@eduhansol.co.kr | **북카페** cafe.naver.com/soobook | **페이스북** www.facebook.com/soobook2
ISBN 978-89-535-3927-3 74910 ISBN 978-89-535-3910-5 (세트)

어린이제품안전특별법에 의한 제품 표시
품명 아동 도서 | **사용연령** 만 8세 이상 어린이 제품 | **제조국** 대한민국 | **제조자명** ㈜한솔수북 | **제조년월** 2018년 1월

ⓒ 2007 윤영수·네사람·(주)한솔수북
※ 저작권법으로 보호받는 저작물이므로 저작권자의 서명 동의 없이 다른 곳에 옮겨 싣거나 베껴 쓸 수 없으며 전산장치에 저장할 수 없습니다.
※ 값은 뒤표지에 있습니다.